DESPERTE
DESPERTE
DESPERTE

OPORTUNIDADES

WILLIAM SANCHES

DESPERTE OPORTUNIDADES

CRIE SUCESSO E PERMITA QUE A VIDA O SURPREENDA COM TUDO O QUE TEM A OFERECER!

INTRODUÇÃO

A oportunidade bate à nossa porta, mas não gira a maçaneta. Essa é uma verdade fundamental que todos nós precisamos entender. Em nossa jornada pela vida, muitas vezes ficamos à espera de mudanças, de sinais ou de uma "sorte" que transformará tudo de um instante para o outro. Mas o que esquecemos é que não é o acaso que muda nossa vida, e sim as ações que tomamos. As oportunidades sempre surgem, mas somos nós que precisamos reconhecer e, acima de tudo, agir para aproveitá-las.

Este livro foi criado com um propósito claro: ajudá-lo a abrir as portas que estão diante de você, algumas visíveis, outras ainda ocultas pela sua percepção. Aqui, você encontrará não apenas frases de impacto, mas verdadeiras chaves para desbloquear o seu potencial, ativar suas oportunidades e transformar sua vida. O objetivo é simples: fazer com que você desperte para a realidade de que a vida que você deseja já está ao seu alcance, só depende da sua capacidade de enxergar as oportunidades e de agir sobre elas.

Você não está limitado pelas circunstâncias externas ou pelas condições que o mundo coloca. O verdadeiro poder de criação está dentro de você. E isso é algo que este livro lhe ajudará a recordar todos os dias. Cada página que você abrir aqui será uma nova chance de reflexão, inspiração e ação. Não se trata de seguir uma ordem preestabelecida ou de ler este livro de forma linear. Ele foi estruturado para que você possa escolher uma página aleatoriamente, a cada dia, e encontrar a mensagem que o universo tem para você naquele momento.

Pense neste livro como um oráculo, uma ferramenta para você se conectar com sua sabedoria interna e com o poder ilimitado que reside dentro de si. A sincronicidade é poderosa, e as respostas que você busca podem estar escondidas nas palavras que você encontra ao acaso. Ao abrir o livro, confie que a mensagem que aparecer é exatamente o que você precisa naquele instante.

Seja qual for o seu momento de vida — se você está em busca de clareza para tomar decisões, se está tentando encontrar coragem para seguir um sonho ou se precisa de motivação para transformar uma situação desafiadora —, este livro foi escrito para guiá-lo na direção certa. Cada página foi desenhada para lembrá-lo de que você tem o poder de criar suas próprias oportunidades e de que, na verdade, essas oportunidades já estão à sua volta, esperando apenas que você as enxergue.

As pessoas muitas vezes passam pela vida pensando que as coisas simplesmente acontecem com elas, que o destino é algo sobre o qual não têm controle. Mas a realidade é outra. Você é o criador da sua história. Cada escolha que você faz, cada pensamento que alimenta, está moldando o seu futuro. Este livro é o lembrete de que você pode escolher conscientemente o caminho que deseja seguir, que você pode criar o que quer ver manifestado.

Mas atenção: não basta apenas desejar ou sonhar. As oportunidades não se realizam sozinhas. Elas precisam de uma combinação poderosa de fé, ação e consistência. Sonhos só se transformam em realidade quando você decide agir, quando se compromete com seu próprio crescimento e com os passos necessários para chegar lá. Não é o destino que molda a sua vida, é a sua atitude diante das oportunidades que surgem.

Então, ao longo destas páginas, convido você a se permitir sonhar novamente, a acreditar no seu potencial e a agir com a certeza de que o melhor está por vir. A cada dia, reserve um momento para abrir este livro, escolher uma página e refletir sobre a mensagem que encontrará. Entregue-se ao processo. A beleza da vida está na descoberta de que as respostas estão sempre à nossa disposição, basta estarmos atentos aos sinais que o universo nos dá.

Seja qual for a situação em que você se encontra agora, este é o seu ponto de virada. As oportunidades que você deseja estão bem diante de você, esperando apenas que você tome a iniciativa de girar a maçaneta e abrir a porta para o novo. Cada pensamento positivo, cada ação intencional que você toma, é uma alavanca poderosa para transformar a sua realidade.

Não se trata de mágica. É questão de alinhar sua mente, suas emoções e suas ações com aquilo que você quer ver manifestado na sua vida. E este livro, com suas mensagens e reflexões, vai guiá-lo nesse caminho. A cada página, você se sentirá mais conectado com o seu poder interior e perceberá que você é o protagonista da sua própria história.

Oportunidades não são coincidências, são criações. Elas nascem do seu desejo, da sua visão e da sua capacidade de agir. E lembre-se: a oportunidade bate à sua porta, mas cabe a você girar a maçaneta. Que este livro seja o incentivo de que você precisa para girar a maçaneta da sua vida e abrir portas que levarão você aonde sempre sonhou estar.

Agora é o seu momento. Desperte para as oportunidades e permita que a vida surpreenda você com tudo o que tem a oferecer.

William Sanches
@williamsanchesoficial

01 "A oportunidade não espera.

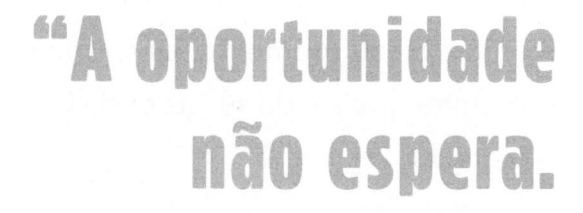

A vida é uma série de momentos únicos que exigem nossa atenção e ação. A oportunidade que você está esperando não vai se apresentar de maneira perfeita, com todas as condições ideais. Ela passa, sutil e silenciosa, como uma porta que se abre por apenas alguns instantes. A verdadeira pergunta é: você está preparado para passar por essa porta quando ela surge ou vai hesitar até que ela se feche? Deixar uma oportunidade escapar é o mesmo que escolher ficar parado, preso ao medo e à inércia. O sucesso e o crescimento dependem da sua disposição para agir, mesmo quando as circunstâncias não são perfeitas. A oportunidade não vai esperar por você. Decida agora se você está disposto a abraçá-la ou deixá-la ir.

Você vai **abraçá-la** ou deixá-la escapar?"

"Tudo aquilo que você deseja já está à sua frente.

O que você deseja está mais perto do que você imagina. Não é algo distante, inalcançável ou reservado para poucos. Muitas vezes, o que falta não é mais preparação ou conhecimento, mas coragem. Coragem para sair da zona de conforto, coragem para enfrentar o medo do desconhecido. O universo sempre está disposto a nos dar aquilo que pedimos, mas precisamos estar prontos para receber. E, para isso, é preciso ter ousadia, acreditar no seu próprio poder e tomar posse do que já é seu por direito. Não permita que a dúvida ou o medo paralisem você. Dê o primeiro passo e veja como o caminho se abrirá à medida que você avança.

Está faltando a sua **coragem** para pegar."

03

"Pare de esperar a chance perfeita."

Quantas vezes você já se pegou esperando que tudo estivesse perfeito para agir? Esperando o emprego ideal, o relacionamento perfeito, o momento sem riscos? A verdade é que essa espera é uma armadilha. A vida não oferece condições perfeitas – ela oferece desafios e oportunidades disfarçados. O momento certo nunca chegará, porque ele já está aqui, agora. O que define o sucesso é a sua capacidade de agir mesmo diante da incerteza. Não espere mais pelo cenário ideal. Aja com o que você tem, onde você está, e veja como o movimento cria mais oportunidades do que a inércia. O agora é o seu maior aliado. Faça do presente o momento ideal para transformar sua vida.

O momento certo é agora!"

"Você não precisa de permissão para conquistar.

Muitas pessoas passam a vida esperando uma chance, uma validação externa, alguém que lhes diga "sim, você está pronto". Mas a verdade é que ninguém vai lhe dar permissão para realizar seus sonhos. Oportunidades são criadas pela ação. Elas não chegam prontas e servidas em bandejas de prata. Quando você decide que merece prosperar, quando escolhe agir mesmo sem a aprovação dos outros, é aí que a mágica acontece. As maiores conquistas da vida vêm quando você para de esperar e começa a criar. Abra a porta você mesmo, construa suas pontes e veja como o universo responde ao seu movimento.

Oportunidade se cria, não se recebe."

"Oportunidade é a porta que você mesmo abre com sua **atitude.**"

Você já percebeu que muitas das portas que parecem fechadas na sua vida só estão assim porque você ainda não as abriu? A chave está em suas mãos, e essa chave se chama atitude. Suas ações, suas escolhas e a forma como você encara os desafios determinam quantas oportunidades surgem no seu caminho. Quando você muda sua atitude, o mundo muda junto. Oportunidades não aparecem para quem espera, mas para quem age com coragem e determinação. Cada pequena decisão que você toma a cada dia abre ou fecha portas em sua vida. Se você quer ver mudanças, comece mudando a sua atitude.

06 "Quem se limita com medo deixa as chances passarem.

O medo é o maior ladrão de oportunidades. Ele paralisa, faz com que você se encolha e veja a vida passar sem agir. No entanto, o medo só tem o poder que você dá a ele. Cada vez que você escolhe o medo em vez da ação, uma oportunidade se perde. A chave para a mudança está em dar um basta a esse ciclo. Quando você decide que o medo não vai mais dominar suas decisões, algo poderoso acontece: você desperta para seu verdadeiro potencial. As oportunidades que antes pareciam distantes começam a se aproximar. O que é seu está esperando para ser reivindicado, mas só será seu quando você tiver a coragem de ir além do medo.

Dê um basta no medo e **desperte o** que é seu!"

07

"Cada dia é uma página em branco para você escrever novas oportunidades.

O que você vai escolher **hoje**?"

A vida é uma obra em constante criação. Cada dia que você acorda é uma página em branco, uma nova chance de mudar sua história. O que você decide fazer hoje determinará o que acontecerá amanhã. Não se prenda ao que já foi escrito no passado; as oportunidades não moram lá. Elas vivem no presente, no agora. Hoje, você tem a oportunidade de escolher diferente, de tentar algo novo, de investir em um sonho que parecia impossível. Cada escolha é uma palavra que você escreve no livro da sua vida. A questão é: que história você quer contar?

"Seus pensamentos constroem ou destroem suas oportunidades.

Os pensamentos que você alimenta diariamente são como blocos de construção da sua realidade. Se você pensa em escassez, medo e fracasso, essas serão as oportunidades que se apresentarão. Em contrapartida, quando seus pensamentos estão alinhados com abundância, coragem e sucesso, o mundo ao seu redor começa a se moldar de acordo com essas crenças. A qualidade da sua vida é o reflexo direto da qualidade dos seus pensamentos. Reflita sobre isto: que tipo de oportunidade você está criando com os pensamentos que tem hoje? Mude sua mentalidade e verá as oportunidades mudarem junto.

Qual realidade você está criando?"

"O mundo não dá as oportunidades para quem espera, mas para quem cria **movimento!**"

09

Esperar nunca trouxe mudança. O sucesso, as oportunidades e a transformação vêm para quem decide fazer acontecer, para quem coloca a roda em movimento. Muitas vezes, não precisamos de grandes mudanças externas, mas, sim, de uma pequena faísca interna que nos motive a agir. A ação gera reação, e cada movimento cria novas possibilidades. Não se engane: o mundo é generoso com quem está em movimento, mas implacável com quem espera demais. O primeiro passo é o mais importante, e ele depende de você. Comece a se mover e veja como o universo responde.

10

"Desperte para as oportunidades que estão à sua volta.

A única coisa que falta é você **agir**."

As oportunidades nunca estão tão longe quanto imaginamos. Elas estão em todos os lugares, ao nosso redor, esperando para serem percebidas e agarradas. O problema é que, muitas vezes, estamos tão focados nas dificuldades que deixamos de enxergá-las. Despertar é um ato de consciência, de perceber que o que você procura já está disponível. O que falta não é a oportunidade em si, mas a sua decisão de agir. Aja com convicção, acorde para o que a vida está lhe oferecendo. Tudo o que você deseja já está aqui. Agora, depende de você dar o próximo passo.

11

"A vida não espera para ser feliz.

Cada vez que você adia uma ação, que espera o "momento certo", está, na verdade, afastando-se do que deseja. A vida não se ajusta às suas hesitações. Ela segue em frente, e as oportunidades passam. O tempo é o recurso mais valioso que você possui, e quanto mais você demora para agir, mais ele se esgota. A ação é o antídoto contra a procrastinação. O que você está deixando para amanhã que pode ser feito agora? Cada segundo que você espera é uma chance que você deixa escapar. Decida hoje fazer o que tem evitado. As oportunidades só surgem para quem se movimenta.

Quanto mais você protela, mais longe suas oportunidades ficam."

12

"O sucesso bate à sua porta."

Muitas pessoas esperam que o sucesso venha até elas, como se fosse algo inevitável. Mas o sucesso não acontece por acaso. Ele é resultado das escolhas e das portas que você decide abrir, mesmo quando não tem certeza do que está do outro lado. Cada decisão que você toma é uma oportunidade em potencial, e cada oportunidade desperdiçada é uma chance de crescimento que você perde. O que você está esperando? O sucesso está ao alcance, mas você precisa abrir as portas e dar o primeiro passo. Quanto mais você espera, mais longe ele fica.

"Pare de olhar para as limitações e comece a **enxergar** as oportunidades escondidas."

Você já parou para pensar que muitas vezes aquilo que você vê como um obstáculo é, na verdade, uma oportunidade disfarçada? A mente acostumada a pensar negativamente vai sempre ver barreiras, mas quem tem um olhar treinado para a abundância enxerga possibilidades onde os outros só veem problemas. Não se deixe paralisar pelo que você acha que não pode fazer. Em vez disso, pergunte a si mesmo: o que posso criar a partir daqui? O que parece uma limitação pode ser o começo de algo novo e grandioso. Mude sua perspectiva e veja como as oportunidades florescem.

14 "Você é o único responsável por fazer as coisas acontecerem.

As pessoas costumam culpar as circunstâncias, os outros ou até o destino pelas oportunidades perdidas. Mas a verdade é simples: você é o único responsável por fazer sua vida andar para frente. A mudança não vai acontecer se você não der o primeiro passo. Pare de esperar que alguém venha resolver as suas questões. A chave está nas suas mãos, e é a sua ação que vai abrir a porta para uma nova realidade. O que você está esperando para tomar as rédeas da sua própria vida? A mudança só depende de você!

A ação é
a chave da
mudança."

15

"A oportunidade nunca chega com um **aviso.**

É fácil pensar que a oportunidade vem em momentos de calma e clareza, mas a realidade é bem diferente. Muitas vezes, as grandes oportunidades aparecem no meio do caos, quando tudo parece incerto.

Ela aparece no meio do caos."

É exatamente nesses momentos que você precisa estar atento e preparado. A confusão pode ser o terreno fértil onde nascem as suas maiores conquistas. Em vez de se desesperar com o caos, pergunte-se: "Que oportunidade pode estar escondida aqui?" Abra seus olhos, e verá que as oportunidades surgem onde você menos espera.

16 "O primeiro passo é o mais difícil, mas também o mais poderoso."

O começo de qualquer jornada é sempre o mais desafiador. O medo do desconhecido, a incerteza do que virá a seguir – tudo isso pesa no momento de dar o primeiro passo. Mas é exatamente esse primeiro movimento que transforma tudo. Uma vez que você se coloca em ação, as barreiras começam a cair, e o caminho vai se desvendando. Cada grande conquista começou com uma pequena decisão. Qual é o primeiro passo que você precisa dar hoje? Lembre-se: ele é o mais difícil, mas também o que tem mais poder para transformar sua vida.

"Você não precisa ter todas as respostas.

Muitas vezes, as pessoas esperam saber tudo antes de agir. Querem garantir que todas as respostas estarão prontas antes de dar qualquer passo. Mas a verdade é que você nunca terá todas as respostas de antemão, e isso é normal. O segredo está em ter a coragem de começar, mesmo sem saber exatamente onde tudo vai dar. A ação gera clareza. À medida que você avança, as respostas vão surgindo, e o caminho vai se revelando. O que você tem esperado para começar? Não é preciso saber tudo, basta ter a coragem de seguir em frente.

Precisa ter a coragem de começar."

18

"Grandes oportunidades exigem grandes atitudes.

O que você está **disposto** a fazer por elas?"

Você já percebeu que as maiores conquistas da vida nunca vêm facilmente? Elas exigem coragem, comprometimento e, acima de tudo, uma atitude proativa. As oportunidades que realmente transformam a vida não são conquistadas com atitudes mornas. Elas exigem que você se jogue de cabeça, que esteja disposto a fazer o que for necessário. O que você está disposto a sacrificar? O que você está disposto a mudar em si mesmo para alcançar essas oportunidades? Grandes conquistas vêm para aqueles que estão prontos para agir de forma grandiosa.

19

"A oportunidade **não deixa de existir**, ela vai para as mãos de uma outra pessoa"

O mundo não vai parar porque você está indeciso ou com medo de agir. As oportunidades não esperam, e quem está preparado as aproveita. Se você não se mover e criar as suas próprias, outras pessoas irão tomar as oportunidades que poderiam ser suas. Essa é a realidade. A vida recompensa quem está em ação, quem está disposto a criar o seu próprio caminho. Você prefere observar ou agir? Cada dia que você adia suas decisões, alguém mais está construindo o futuro que você deseja. Não deixe isso acontecer.

20

"Não espere pelo amanhã para começar."

Quantas vezes você já se pegou dizendo "amanhã eu começo"? A verdade é que o amanhã é a desculpa perfeita para quem tem medo de enfrentar o presente. Mas o amanhã nunca chega. O que existe é o hoje, e é o que você faz agora que vai determinar seu futuro. Adiar as coisas é o mesmo que deixar a vida escapar por entre seus dedos. O que você pode fazer hoje para se aproximar de suas metas? Pare de se esconder atrás do amanhã e comece a agir agora. O poder de transformar sua vida está no presente.

O amanhã
é apenas
a desculpa
para quem
tem **medo** de
agir hoje."

21

"Pare de se comparar.

O que é seu já está esperando, só precisa que você faça acontecer."

A comparação é um ladrão silencioso de oportunidades. Quando você se compara aos outros, gasta energia focando no que eles têm ou fazem, em vez de investir essa energia em suas próprias ações. O que é seu já está preparado para você, esperando que você tome a iniciativa. Quando você olha para o que os outros estão fazendo, deixa de ver o que pode construir para si. Em vez de se perguntar por que o outro tem mais, pergunte a si mesmo: "O que posso fazer hoje para chegar mais perto dos meus sonhos?" Lembre-se: o universo responde às suas ações, não às suas comparações.

22

"A oportunidade não vem embrulhada como presente.

Muitas vezes, as oportunidades que você espera não chegam da forma como imaginava. Elas se escondem no meio dos seus desafios, nas dificuldades que parecem impossíveis de superar. Mas é justamente nesses momentos que a vida oferece as maiores chances de crescimento. Em vez de lamentar os problemas, pergunte-se: "O que posso aprender aqui? Que caminho novo posso abrir diante deste obstáculo?" As dificuldades são portais para as oportunidades. Quanto mais você resiste aos desafios, mais distante fica da grande oportunidade que o espera.

Ela surge no meio dos seus **desafios.**"

23

"Você não precisa de um plano perfeito, precisa de uma ação decidida."

Muitas pessoas passam a vida esperando pelo plano perfeito. Mas a perfeição é uma armadilha que paralisa. A ação é sempre mais poderosa do que a preparação excessiva. Quando você age, mesmo sem ter todas as respostas, o caminho começa a se abrir diante de você. A cada passo, você aprende algo novo, ajusta a rota e se aproxima do seu objetivo. O que está esperando para começar? Não importa se o plano não está totalmente claro. O importante é começar agora. É a ação que abre as portas, não a espera.

24

"Oportunidades surgem para quem está preparado, mas se revelam para quem está em movimento."

A preparação é importante, mas ela só tem valor quando acompanhada de ação. Muitos passam a vida se preparando, estudando, planejando, mas nunca colocam em prática o que aprenderam. As oportunidades só aparecem de verdade para quem está em movimento, para quem está disposto a correr riscos e enfrentar o desconhecido. Não basta estar pronto; é preciso estar em ação. O que você está fazendo hoje para que as oportunidades se revelem para você? O movimento é o que ativa a sua vida.

25

"A prosperidade começa na **mente.**

Mude seus pensamentos, e o mundo ao seu redor mudará."

A forma como você pensa determina o que atrai para sua vida. Pensamentos de escassez, medo e dúvida afastam as oportunidades, enquanto pensamentos de abundância e confiança as trazem para perto. Se você quer prosperidade, precisa primeiro criar esse ambiente em sua mente. Como você pode esperar que o mundo ao seu redor mude se seus pensamentos continuam os mesmos? Faça uma escolha consciente: mude seus pensamentos, e o mundo começará a se ajustar a essa nova realidade. A mente é o berço de todas as oportunidades.

"A **chance** que você está esperando não está distante.

Ela está **dentro de você**, esperando para ser despertada."

Muitas vezes, você busca fora o que já tem dentro de si. Acredita que a oportunidade vem de fatores externos, quando, na verdade, ela está dentro de você, esperando para ser revelada. O que falta não é uma chance, mas uma mudança de perspectiva. Olhe para dentro de si e perceba que você tem o poder de criar suas próprias oportunidades. A vida que você deseja não está nas mãos dos outros. Está em suas mãos, pronta para ser moldada por suas ações. O que está esperando para despertar o que já está aí dentro?

"Você cria suas oportunidades com as decisões que toma.

27

Cada decisão que você toma, por menor que pareça, constrói o caminho que você trilha. Quando você decide agir, mesmo diante do medo ou da incerteza, está criando uma oportunidade. Quando você escolhe a inação ou a dúvida, também está tomando uma decisão — mas essa decisão o afasta do que deseja. As oportunidades não vêm de fora. Elas nascem das suas escolhas diárias. Se você quer criar uma nova realidade, comece a tomar decisões diferentes. O poder de mudar sua vida está em cada escolha que você faz.

O poder de mudar está **sempre** nas suas mãos."

28

"Não espere o momento certo para agir.

Esperar pelas condições perfeitas é uma ilusão. O momento certo nunca chega, porque ele não existe. O que existe é a sua vontade de agir e fazer acontecer. O momento certo é criado quando você toma a decisão de começar, independentemente das circunstâncias. Quem espera pela perfeição perde oportunidades valiosas. O que você está adiando hoje, esperando o momento certo? Lembre-se: o poder de mudar sua vida está em suas mãos, e o melhor momento para começar é agora.

"O momento certo é aquele em que você decide agir."

"Desafios não são barreiras, são convites para o **próximo nível.**"

O que parece um obstáculo muitas vezes é um convite para o seu crescimento. Os desafios que surgem no seu caminho são oportunidades disfarçadas, convidando você a elevar seu nível de pensamento e ação. Em vez de ver os desafios como barreiras, encare-os como oportunidades de aprendizado e evolução. Cada vez que você enfrenta um desafio, cresce um pouco mais. Quanto maior o desafio, maior a oportunidade. O que você está disposto a aprender com os obstáculos à sua frente?

30

"A ação é o combustível que **transforma** seus sonhos em realidade."

Você pode sonhar, planejar e visualizar, mas nada disso se concretiza sem ação. A ação é o elo entre o que você deseja e o que você alcança. Quanto mais você age, mais reais seus sonhos se tornam. O que você tem feito para transformar suas ideias em realidade? Se você não age, seus sonhos permanecem distantes, apenas desejos sem forma. A cada passo que você dá, seu sonho ganha corpo, e a realidade começa a se transformar. Lembre-se: o segredo do sucesso está na ação. Quanto mais você age, mais o universo responde.

"Tudo o que você imagina já está a caminho.

Acredite
e verá os sinais do universo."

O universo sempre responde à sua energia, enviando sinais para que você saiba que está no caminho certo. Quanto mais você acredita no seu sonho, mais o universo alinha as oportunidades para que ele se realize. Mas é fundamental acreditar com todo o seu coração. Mesmo quando as evidências ainda não aparecem, mantenha a fé. O que você deseja já está em movimento. Esteja atento aos sinais.

"Acredite no invisível.

32

O poder da sua mente constrói a ponte entre os sonhos e a realidade."

Antes que os seus sonhos se materializem no mundo físico, eles precisam existir em sua mente. Visualizar, acreditar e sentir como se já fosse seu é o primeiro passo para transformar o invisível em realidade. A Lei da Atração funciona assim: você cria o que imagina. Por isso, pergunte a si mesmo: o que estou construindo na minha mente hoje? Sua realidade será moldada por esses pensamentos.

33

"Você é a fonte de todas as oportunidades.

Elas não estão fora, estão **dentro** de você."

Muitas pessoas passam a vida buscando oportunidades em lugares distantes ou dependentes de fatores externos. Mas a verdade é que as oportunidades nascem dentro de você, a partir do seu desejo, da sua visão e da sua fé. Quando você decide agir, o universo responde. Acredite no seu potencial para criar as chances que tanto busca. Tudo começa em você.

34 "Seu sonho **não** é grande demais.

Nunca deixe que as pessoas ou as circunstâncias façam você acreditar que seu sonho é impossível. Se você consegue imaginá-lo, é porque tem a capacidade de realizá-lo. O universo nunca coloca em seu coração um desejo que você não possa alcançar. O que parece grande demais para os outros é o tamanho certo para você. Confie na sua visão e siga em frente.

Ele é o tamanho exato da sua **capacidade** de realizá-lo."

35

"O universo responde com precisão àquilo que você sente.

A Lei da Atração não responde apenas ao que você pensa, mas ao que você sente. Quando você sente alegria, gratidão e certeza de que seu sonho já é real, o universo se alinha para trazer essa realidade até você. Como estão os seus sentimentos hoje? Mude suas emoções e o mundo ao seu redor começará a se transformar. A vibração que você emite é o ímã para as suas realizações.

Sinta como se já fosse real."

"Não é o quanto você trabalha que importa, é o quanto você **acredita.**"

O esforço físico sem a crença no resultado é apenas um movimento sem direção. A verdadeira transformação acontece quando você trabalha com a certeza de que o que deseja já está a caminho. O universo recompensa não apenas o seu trabalho, mas a fé que você coloca nele. Trabalhe acreditando que o melhor já é seu, e assim será.

37

"Quando você se alinha com o seu sonho, o universo abre os caminhos."

Acredite que o que você deseja já é seu, e o universo responderá. Quando sua mente, suas ações e suas emoções estão em harmonia com seus sonhos, os obstáculos começam a desaparecer. Tudo começa a fluir naturalmente. O alinhamento entre o que você quer e como você vive é o que faz a diferença. A vida sempre responde à sua energia.

"O medo bloqueia a abundância.

38

O medo é a única barreira entre você e as oportunidades que deseja. Quando você age com medo, envia uma mensagem confusa ao universo. Liberte-se do medo, e as portas se abrirão. A confiança é a chave para atrair tudo o que você sempre quis. Lembre-se: a abundância já está disponível para você. O que a impede de chegar é apenas a sua crença no medo.

Liberte-se
do medo, e as oportunidades vão fluir."

"A oportunidade que você procura já está presente.

As oportunidades não estão escondidas. Elas estão presentes em todos os lugares, esperando que você as reconheça. Muitas vezes, estamos tão focados em problemas e limitações que não conseguimos ver o que está bem diante de nós. Pare, respire e observe com atenção. A vida está cheia de oportunidades esperando para serem descobertas.

O que falta é
você enxergá-la."

40

"Acredite sem reservas.

O que determina o sucesso da Lei da Atração é a intensidade da sua fé. A dúvida enfraquece o processo, mas a certeza de que o que você deseja já é seu acelera a realização. Não se permita hesitar ou duvidar do seu potencial. A fé inabalável é como uma ponte sólida que conecta seus sonhos à realidade. Confie de todo o coração, e o universo responderá com a mesma força.

A fé inabalável é o primeiro passo para a realização."

41

"Sua mente é o **único** limite entre você e seus sonhos.

"Liberte-se das crenças limitantes."

A única barreira real entre você e seus sonhos é o que você acredita ser possível. Crenças limitantes são como correntes invisíveis que o impedem de alcançar todo o seu potencial. Quando você se liberta dessas crenças, o caminho para suas realizações se abre. Pergunte-se: o que está limitando minha visão de sucesso? Mude suas crenças e você mudará seu destino.

42

"O universo conspira a favor daqueles que agem com **fé**."

Quando você age com convicção e acredita que o que deseja já é seu, o universo começa a alinhar as circunstâncias ao seu favor. A fé não é apenas uma crença, é uma força que move o mundo ao seu redor. Quanto mais confiante você estiver, mais rápido o universo responderá. A ação alinhada à fé é a chave para manifestar seus desejos.

"O que você foca cresce.

43

Direcione sua atenção para o que **deseja**, não para o que teme."

A Lei da Atração é simples: o que você foca, expande. Se você se concentra no que teme, é isso que crescerá em sua vida. Mas, quando você direciona sua atenção para o que deseja, o universo responde com abundância. O que está dominando seus pensamentos agora? Escolha focar no que você quer e veja como sua vida começa a mudar.

"A **gratidão** abre portas para novas oportunidades.

O poder da gratidão é imenso. Quando você agradece pelo que tem, e também pelo que está por vir, o universo abre portas para novas oportunidades. A gratidão é uma forma de dizer ao universo que você está pronto para receber mais. Quanto mais você pratica a gratidão, mais abundância atrai para sua vida. O que você pode agradecer hoje?

Agradeça pelo que você tem e pelo que está a caminho."

> "Seja a energia que você quer atrair. Sua **vibração** determina o que você recebe."

O que você sente e emana é o que retorna para você. Se você quer atrair oportunidades, amor e prosperidade, precisa vibrar nessa frequência. Seja a energia que você quer atrair. Se sente escassez, medo ou dúvida, isso é o que continuará recebendo. Eleve sua vibração com pensamentos positivos e confiança e veja como a vida responde.

"Acreditar em si mesmo é a maior **declaração** que você pode fazer ao universo."

Quando você acredita em si mesmo, envia uma mensagem poderosa ao universo de que está pronto para receber o melhor. A confiança em quem você é e no que pode alcançar é a base para transformar sonhos em realidade. A autoconfiança é o primeiro passo para manifestar o que você deseja. Se você não acreditar em si mesmo, quem acreditará?

47

"O universo não entende dúvidas, ele responde à **clareza.**

Seja claro sobre o que você quer."

Seus desejos precisam ser claros para que o universo possa trazer exatamente o que você deseja. A falta de clareza traz resultados confusos. O que você realmente quer? Seja específico, e o universo começará a alinhar tudo a seu favor. Quando você envia sinais claros e firmes, a vida responde da mesma forma. Dúvida cria resistência, clareza cria atração.

48

"A ação inspirada é o elo entre o sonho e a realização.

Pensar e acreditar é essencial, mas sem ação os sonhos permanecem no reino das ideias. A ação inspirada – aquela que vem da confiança e da certeza – é o que transforma uma visão em realidade. Toda realização começa com um primeiro passo. O que você pode fazer hoje para se aproximar do seu sonho? Confie e aja.

Agir com confiança é fundamental."

49

"Você não precisa saber como tudo vai acontecer, apenas que **vai acontecer**."

Muitas vezes, a ansiedade de saber como algo vai se realizar impede que a magia da Lei da Atração funcione. Sua única responsabilidade é acreditar e agir com confiança. O "como" será revelado no tempo certo. Liberte-se da necessidade de controlar cada detalhe. Confie no processo e deixe o universo fazer sua parte.

"O que você emite para o mundo volta para você multiplicado. Qual é sua mensagem?"

Seus pensamentos, sentimentos e ações são como ondas que reverberam no universo. Eles voltam para você multiplicados. Se você emite amor, prosperidade e confiança, é isso que retornará em sua vida. Mas, se emite medo, raiva ou escassez, a resposta será semelhante. Pare e reflita: qual é a mensagem que você está enviando ao universo hoje?

"Os sonhos **não** têm prazo de validade.

Nunca é tarde para acreditar em seus sonhos. O tempo é uma criação da mente; ele não limita o que você pode alcançar. O que importa é a intensidade da sua crença e a determinação em continuar. Se você mantém viva a sua fé, o universo trabalhará a seu favor, independentemente de quanto tempo leve. Seus sonhos não expiram, a menos que você desista deles.

O tempo é apenas uma ilusão."

52

"Você é o criador do seu destino.

O destino não é algo fixo ou predeterminado. Ele é criado a cada momento pelas suas escolhas, crenças e ações. O poder de transformar sua vida sempre esteve em suas mãos. Você é o único responsável por onde está e para onde vai. Não há limites para o que você pode criar, exceto aqueles que você coloca sobre si mesmo. O que você fará com esse poder hoje?

O poder de transformar sua vida **está em suas mãos.**"